AF434914

buenosaires
poetry

HOTEL SITGES

Rodrigo Arriagada Zubieta

Rodrigo Arriagada Zubieta
HOTEL SITGES
Buenos Aires Poetry, 2018.
64p. ; 20x13 cm.
ISBN 978-987-4197-28-3

1. Poesía chilena.

©Rodrigo Arriagada Zubieta. Reservados todos los derechos.

Primera edición.

Editorial ©Buenos Aires Poetry.

Colección ©Pippa Passes dirigida por Juan Arabia.

Diseño editorial ©Camila Evia.

BUENOS AIRES POETRY

Salta 350 5º F / C1074AAH / Ciudad de Buenos Aires

editorial@buenosairespoetry.com

www.buenosairespoetry.com

—

HOTEL SITGES

Rodrigo Arriagada Zubieta

Índice

13	....	Ruido
15	....	Punctum
17	....	Studium
19	....	Taxi Driver
20	....	Urinario
23	....	Desencanto
24	....	No alcanzó a escribir este poema
26	....	Baudelaire, 1845: Homo Duplex
28	....	Palabra
29	....	Mallarmé
30	....	Epílogo al Siglo XX
32	....	No se maldiga de golpe la belleza
34	....	Hopper, Morning Sun, 1952
36	....	Eraser Head, 1977
38	....	La muerte en TV: David Lynch, 2017
39	....	Hopper, Soir Bleu, 1914...
46	....	Hotel Sitges
48	....	Carnaval de Sitges
50	....	Barrio Gótico
53	....	Extranjera
55	....	Estilos de baile
56	....	Mersault, Platja de San Sebastiá
57	....	Japonesa
59	....	No tan horroroso Chile
61	....	Ferroviaria
63	....	Sobre el autor

RODRIGO ARRIAGADA ZUBIETA

—

Hotel Sitges

A Braulio Fernández Biggs
Noblesse oblige

Poesía, te voy a jurar
y termino, estoy ronco:
tú no eres el habla melosa,
tú eres el estío en tercera clase,
tú eres arrabal, y no estribillo.
Boris Pasternak, 1922.

RUIDO

De los otros es la vida
y lo demás que está fuera
nuestra gran ansiedad:
árboles que existen sin otoño
creciendo en medio de la paz en extinción
todavía en su puntualidad
cuando ya se ha muerto mucho
y las hojas de septiembre
tienen asma en cada átomo.
Y ni hablar del sol,
no todo será luz,
pero qué hiriente es la hora de siempre
con su fulgor de herrumbres
cuando ha ardido incluso el mar
y el resplandor es un astro
que ya no recuerda su propia creación
        su momento
pero igual está su olor a mujer y hombre
flotando en la inmensidad
sobre el cielo tan ausente de nosotros.

Que hablen los que quieran de la Belleza
que es pura invención
mientras adentro el poeta dice que la Tierra ya no gira
y ellos ahí eternos, furibundos y libres
    llenan el ruido de elogios,
porque desconocen que parte de la palabra es silencio
y se embrutecen embellecidos por su exceso.

Nosotros, en cambio, vivimos tan lejos de todo
desde que incitamos la desaparición,
ver lo mismo desde el fondo de la noche
cuando dividimos al mundo
para escuchar lo inexpresivo,
una verdad que no desvela el misterio
y más bien le hace justicia:
no la copia del universo
ni de lo que podría decirse *uno mismo*
escogimos las variaciones de la trizadura
frente a la muerte de su espejo.

PUNCTUM (FUERA DE PLANO)

No se confunda el exceso de presencia con un yo:
~~Yo~~ es una palabra que avanza contra el movimiento.
Su brevedad es incapaz de sostener al ser.

¿Somos? la mañana intermitente de las playas sin visitas
un amargo sorbo de café que dios bebe distraído
mientras asesina otro muerto que gritaba ya no existo.

Hermosos son los siglos que vendrán.
Todo se expande arrastrado por un barco ebrio
para iluminar este monstruoso agujero
que hasta ahora hemos muerto:
vientres de mujeres encintas
como relojes llenos de arena
nueve meses de secreta paciencia
cápsulas de aire
repletas
            del temor a lo desconocido.

Se avecina una nueva estación.

Es necesario mirar por la ventana
en el momento exacto en que el tren está en marcha
ahora que nadie dice "póngase en su lugar"
nos separamos de nuestra imagen frente al estanque
como nenúfares en el charco.

Nos brota vida en lo que queda fuera de nosotros
a los treinta y tantos somos lo deforme
sin previa constatación en el espejo
de lo imposible que en él se deja mirar:
éxtasis de la luz en el soplo que quiebra el obturador,
                máscara que el flash descorre al maquillaje
su inquebrantable identidad.

STUDIUM (EL POETA ES EL DETALLE)

En el futuro hablaremos con los animales
y nos preguntarán
cómo únicamente retratando al hombre y la mujer
hemos logrado escribir tanto.
Al poeta le habría gustado vivir entre ustedes,
pero se conforma con existir
como la única fotografía de su tiempo
cuando se abran los muebles llenos de su ser silencioso
y se sorprendan de este azar premeditado
en el fondo de la botella.

Si alguien puede, entonces, ponerse en contacto
tal vez todavía haya algo que hacer con su persona.

En caso contrario,
al menos se lo reconozca —en su deformidad—
como el único antepasado auténtico
mientras se deslicen sus palabras
en el lento vacío de sus manos.

En realidad poco importa,
el poeta vive desde ya en el olvido
bajo un cielo muerto de palomas
y su respiración ha enturbiado lo suficiente las cosas.

En honor a la claridad
ocupa su lugar como un detalle en el mundo,

la luz inunda su habitación oscura
                    velada de imposibles presagios
y es él mismo
                    un paisaje en inquietante contracción.

Sus ojos verían lo que miran
como Dios en tierra de nadie
con su virginidad acostumbrada a todo:
verían
            si no debieran siempre
                        penetrar en algo.

TAXI DRIVER (EL POETA NO CONDUCE
A NINGÚN LADO)

El poeta juega el rol de Travis Bickle:
escenifica la duda de ser en una ciudad fantasma
una Metrópolis de grandes cosas muertas
o fragmentos de estrellas de cristal insomne.

Se lo muestra abstraído en una sala de cine
o en una habitación hablando al espejo.

Fuera de eso es la ilusión óptica de que entrar en contacto
ofrece admirables imágenes de lo humano.

Tal vez sigue esperando en una calle
que el aire dejó de frecuentar como a un mero cuerpo
o en la quietud de un museo
solitariamente extraño
y la presencia de sí mismo como un otro
es quien termina por visitarlo.

El poeta existe en ese mundo repartido
como un testigo, sin duda, olvidado
Le parece ver su sombra a la que abre la puerta
–"ya casi me iba solo" –dice–
y ella responde – "are you talking to me"?

•

URINARIO (HIZO SOMBRA
AL NOMBRE DEL POEMA)

Mientras existió nada más que el nombre
iba a ser un libro por el que todos
se recuperarían,
un mosaico lleno de esperanzas
como una tirada de dados sobre amapolas
lapidariamente putrefactas
el golpe de palabras quebradizas
que el vidrio de la tarde
arroja a las iglesias como solución final
para el hombre agotado de cavar sobre hielo
y agolpar los cuerpos como frutas en veda.

Y muchos esperaron felizmente desnudos
junto al sol del exterminio,
sosteniendo un trago de moscas con que culmina la sed,
una plétora de buenos sentimientos
por los que el poeta había muerto de sueño– dijeron–
y las largas viudas ciegas de soledad
vistieron uniformes cortos en pie de guerra
con las bragas ligeramente jubilosas
de sangre manchada de impotencia
ante la visita nupcial de un juego gozoso
          a primera hora
cuando el pájaro rompe de un orgasmo el huevo.

Todo fue euforia
mientras el nombre del poema arrojó su luz
como el feto que bosteza y se llena de aire para nunca nacer

en las fauces de la efímera vulgata,
demasiado encinta de una metamorfosis imperfecta.

Se lo vio en cursiva estampado en un cuaderno
en las callejuelas de Montmartre,
en una vitrina en el Barrio Lastarria
e incluso como anuncio de neón, a toda luz,
en el *bulevar de los perezosos.*

Pero a última hora
el autor decidió aparecer,
atrayendo la mirada
hacia el vacío del lugar que se precipitó en vivir
un pozo constelado de aguas turbias
que duplican hasta hoy
la imagen de un silencio
escandalosamente perfecto.

Hay que separarlo todo para hacer una vida en común,
dejarse estar a solas liberados, al fin, del insomnio
ser infiel a uno mismo y, sobre todo,
abandonar la *poesía*
completamente a su público.
No hacer sombra ahí donde ella debe brillar
como el pan de la mañana
entre los mendigos de siempre.

El mundo no pasará a mejor vida
porque ante todo el poeta ha precisado existir
poner firmas al dolor para evitar sus copias
y la Belleza nunca fue de nadie.

DESENCANTO (PUNTO FINAL
PARA LA POESÍA)

Esta disciplina náufraga
contra viento y marea.
La ceguera de estar sin excepciones
del lado del paisaje que uno nunca termina de ver,
abandonada la esperanza de entrar aquí o allá
                                    en parte
                                    [alguna
y la cabeza se tuerce alejada de lo increíblemente cerca:
sombras a medianoche por las que despertar a mitad
                                    [del sueño
tajos en el pensamiento como vidrios de siluetas
                                    [degolladas
seres que distancian de otros cristalizando en lo indecible,
vida en el sentido opuesto de la palabra
como no estar en pie a primera hora de la mañana
para ver la ciudad sumergida en brumas.
Poesía a pesar de todo digna de una pobre dicción,
el silencio consumido a fuego lento por la luz
U- N P- U- Ñ- A- D- O D- E L- E –T- R- A- S
        la suma oscuridad
                ¿¡Oh!?
en medio del canto
                el punto final
su guillotina

NO ALCANZÓ A ESCRIBIR ESTE POEMA

En principio el autor del poema
debía esperar que las palabras le dolieran
escupir sangre de boca en boca
para que circulara la voz,
suturando el cisma entre los signos y las cosas,
enfermar de exceso de espíritu
y morir en un hospital público con su lucidez a solas
bajo una luz boreal de espantoso amanecer.

Debía absorber un golpe de relámpago
como el primer trago de agua en la mañana,
oyendo desde el alto de los campanarios
un amargo catecismo de mil hojas
esparcidas como sed de voces que se espesan
al sonido de la noche
                        demasiado lejos.

Prefirió, en cambio, desaparecer en una cámara oscura
desde donde proyectar
el retrato inverso de su imagen
reflejar la desaparición en una y mil páginas
en un mundo tibiamente deshabitado por él mismo
y envejecer inviernos adentro
al margen de su tiempo.

No creyó en la Flor Azul, ni en Bizancio
Ni en Occidente y los Sacrosantos Poderes

Ni en el ser para la nada, ni para nada en el ser
tampoco en las estrellas
que brillan por su ausencia,
mucho menos,
en los universos falsificatorios de Macondo.

Eligió el silencio que amenaza a todo discurso
y ni la música de todas las esferas
pudo contra el mudo ritmo de quien huye despavorido

de la babélica confusión de las lenguas.

Los versos que aquí no se alcanzaron a escribir
hubieran sido todavía célebres
si las expresiones *claro de luna, polvo de la tarde*
y *reescritura posmoderna* aún figuraran
como motivos permanentes de una retórica simple.

La excepción a esta regla
y el retrato de una ninfa desnuda en su habitación
son pruebas irrefutables
que confirman la existencia mutua
del poeta y el poema.

BAUDELAIRE, 1845: HOMO DUPLEX

El papel está en blanco
y yo estoy irritado contra la ciudad entera.
La página carcomida por la falta de escritura
es el reflejo del agua bendita,
el confesionario donde me eximo de pagar
mis obligaciones de conciencia.

Soy un aparador repleto de facturas;
mi cerebro, un cementerio como orgía de gusanos
que se arrastran hasta oler
el aroma corrompido del frasco
y la tinta es un borracho en el fondo de una taberna
que multiplica con el licor su sed.

Cuando al fin alcanzo en algo las palabras
lo indecible conforma un panorama
      lleno de amenazas
porque nada hay más peligroso que estar dividido
como dos amantes que no logran acomodarse
hasta convertirse en la escultural inercia de la carne.

Poeta-persona, mi doble naturaleza:
una espada de los ciervos en el bosque,
animales salvajes que se ejercitan en la esgrima
solitariamente acorralados.

Bestia y hombre no forman más que un solo ser
mi dolor son las sentencias de un otro delator;

el verso, un cadáver sin descanso
de un muerto que nunca termino de matar.

Detestable evidencia de mis malas artes.

PALABRA

Palabra a la que es necesario
ceder siempre la palabra
para que pueda callar
lo que nunca sabe decir,
porque no alcanza siquiera
a tocar el ser
cuando ya se extingue
en el silencio de alguien
que se dice *yo* pero nada
de lo que habla es él.
Exceso de retórica en las cosas,
fuga de gusanos en el funeral,
vapor en el espejo de un muerto
que no quiere vivir
encerrado en sí mismo
y, a pesar de todo,
sólo alcanza a desaparecer
en la escucha de los otros.
Apenas viento en la semilla del árbol:
aquenios como espermas,
incubando su mudez.

•

MALLARMÉ

MALLARMEANO todo esto

                                  sin el *DON DEL POEMA*

sobre el papel blanco que defiende   su silencio

de quien lo acusa destruir

                    lo que existiría sin él *:*

D-A-D-O-S
        que lanzar contra el mar
espumando naufragios
                 de monumentos
                       sumergidos
versos al encuentro de un lenguaje
                 que siempre llega tarde
                        a la esquina   de otra **L**etra

y los BOTES AMARRADOS EN EL MUELLE

son la música
          que nunca parte
                a verse A SOLAS con su esfera

               POESÍA COMO AMOR

                  invisible

                     BREVES DES- ENCUENTROS   entre

los infieles

            eyaculando
                 en EL VACÍO

copa que se llena

en la mañana con el AIRE
               SIGNOS solitarios de la palabra muda

JAMÁS SE ABOLIRÁ EL AZAR

        de

un
             idioma
                       INCONCLUSO...

EPÍLOGO AL SIGLO XX

Estuvimos a punto de ganarnos el espacio, poetas,
no era asunto de la letra
sí de geometría.
Había que medir la tierra,
ocupar uno a uno, a presión, su lugar
como cuerpos arrinconados en fosas comunes
y no dar nunca nombre
a lápidas distintas,
existir como los muertos riéndose del polvo
y conservar el paso ganado para oír
la voz del futuro.
Por erigirse estaba una ciudad entera,
acaso no mañana, más tarde,
cuando se encendiera una voz sobre la vida,
apiadándose de la espesura.
La luz vendría de otro poco de silencio
de un temblor que lucharía por trizarse;
no era necesario gritar al viento
que nos borraría inexorablemente
tras una niebla espesa.
Había que dejar en blanco el destino,
sentir estupor por la belleza de lo construido,
abandonarse a los ojos sin involucrar
el cuerpo, el gesto y la voz,
alejándose del ruido
y del fervor de las ciudades.
No había que cambiar el mundo,

había que anotar en los márgenes
capítulos para los hijos venideros,
ocultarnos en el anonimato
y simplemente describir
el vuelo de una mariposa
enceguecida por la estrella
a sabiendas que la luz
la convertiría en cenizas.

NO SE MALDIGA DE GOLPE LA BELLEZA

Trata de conservar las palabras, poeta,
la visión no es perdurable
parpadea *en un montón de imágenes rotas*,
guárdalas hasta que los demás despierten.
Antaño mordiste el hambre en las estaciones sin trenes,
temblando de fiebre entre las moscas
hasta contaminar otra versión de tu locura
a la que llegaste a solas por todos los caminos,
y la ira fueron pasos de retorno
extendiéndose como sangre en la herida fresca.
Guárdalas como fotografías del dolor,
distracciones en sepia
de una oscura temporada en el infierno,
pero no las envilezcas demasiado
por el contacto excesivo
con el mundo que se esfuerza en retenerte
en los desiertos lugares en que la vida ardió.
Haz que todo ello valga la pena
sin maldecir de golpe la Belleza,
hasta que gotee el corazón
y otros sigan tus huellas frescas:
guárdalas y muere de una sed silenciosa, poeta,
muere de ti mismo,
del ruido que asemeja
un falso oleaje de una dicha pasada,
muere de memorias tristes o de ceguera.
Sólo tú debes estar vivo hasta el final
no renunciar ni a una brizna de tu ser

otros recorrerán tu camino palmo a palmo,
desfalleciendo a tope del temblor de la vida
como por arte de un baño de sol
cuando los bares abran las ventanas en la mañana,
enjuagando los ojos de los ciegos
ahí donde el aire huele a muerto
y el hombre se cose las venas.
Entre charcos
los difuntos de siempre
                    ahora ebrios de tu exceso.

HOPPER, MORNING SUN, 1952.

Soledad que emerge en la frialdad
de la luz congelada por Hopper:
el invierno es lo único que asoma
más acá de la ventana
bajo un cielo de mentira
a la vista de un mundo
del que somos otra mancha.
Como la mujer en el cuadro reproduce el intervalo
que de todo nos aleja,
ojos cual escombros de algo
en el paisaje habitual del horizonte inmenso
junto al que ya no proyectamos nada.
Sólo nos pertenece la mañana que robarle al tiempo
unas pocas horas de la naturaleza
embellecida por la inmovilidad,
eso que ya no avanza
sin volver a atravesar una línea demarcatoria
entre los vivos y la presencia del silencio.

Se existe como una habitación de hotel,
como un leve estremecimiento en una cama blanca
iluminada por colores extraños
concentrados sobre las sombras de aquello de paso.

Se existe inexpresivo como la luz del sol
en la pared de una casa.

ERASER HEAD, 1977.

Él quiere ser otra fuga de sí mismo
como un baile de los astros dispersos
un túnel sin ventanas
donde asomar hacia lo más hondo del frío
una noche de insomnio en la cabeza.
Quizás él duerme a medias su vacío
se cansa de ayunar
en un mundo tan fácilmente repleto
lo perturba el ruido del metal,
el aroma a cámaras cerradas
y cada día esplende inconmovible
la ciudad de la que se oye hablar,
que se presiente a lo lejos
donde nunca habita el hombre.
La terrible criatura es él
como un día sin frutos y sin espigas
y sin preguntar por la cosecha;
aplasta con el pie los espermios
que no deben volver a florecer
como sangre en los jardines.
Finalmente, el gran arquitecto de los sueños
le regala ese abrazo de la Mujer del Radiador:
una fracción de segundos
                    para que entre algo de luz
y arda
        se consuma
                    se ciegue
sediento de tragar su ser baldío

por arte de una boca lejana.
No es verdad –como quisiera el autor–
que el espíritu lo alcance.
El deseo hecho irrealidad
corta la escena sin llegar a iluminar lo oscuro,
un cierre de plano que tributa al instante
que sin memoria lo humilla
y el amor se aleja.

LA MUERTE EN TV: DAVID LYNCH, 2017

Suplantar a una persona por ella misma
fue lo que hizo Lynch –u obra maestra–
el abrazo al fin de la fuente con Narciso,
efímera limpieza del agua en el rostro del Agente Cooper,
devolviéndole la propiedad de ser
veinticinco años antes
como si se pudiera visitar el vacío
de unos minutos en que el tiempo se ensancha
en el espejo oscuro que lo refleja.
El actor fluyó por un instante un río más allá
que las estrellas de Televisión
acostumbradas a morir patéticamente
de tanto retocar un hiriente maquillaje
como Aschenbach en Venecia:
la pose de un cuerpo que se suele citar a sí mismo
en el lugar de siempre
para terminar de quebrar el reloj a deshora
con la puntualidad del desencuentro,
música de Mahler como telón de peste
y un descenso temprano a los infiernos
del invisible ciudadano
que desaparece en el celuloide
dejándose velar
por la semejanza de sus antepasados instantáneos.
Figuras que muestran en vida
la existencia como hecha de algo
que apenas se le parece.

HOPPER, SOIR BLEU, 1914:
ANTES DE SUBIR AL BARCO

Hopper, Soir Bleu, 1914

El burgués

Cuando se sentó, pensé:
"las bestias sollozan de pena".
El sello de Dios palidece a desemejanza
de los muertos en vida.

Este viaje será de veras el infierno.

Yo, que adquirí el derecho a rostro en los desembarcaderos,
no iré más lejos de las playas con los mendigos de siempre
y tú, mujer, seguirás mis pasos
sin derecho a réplica.

Antes de subir al barco,
quemaré sus ojos con la cazoleta de mi pipa.

Su mujer

Cuando se sentó, pensé:
"no miraré la fealdad directo a su rostro".
El sello de Dios languidece cuando los poetas
ofrecen palabras a la muerte.

En este viaje llenaré la copa con mi propio ocio.

Yo, que adquirí el derecho a la sordera permanente
de tanto tapiar las ventanas ya cerradas,
iré más lejos haciendo oídos ebrios a la tristeza
y seguiré sus pasos sin descartar matarlo
o dejarlo en otro puerto.

Antes de abandonar el barco,
quemaré el amanecer con las últimas
carcajadas de una belleza sin dientes.

El Marinero

Cuando se sentó, pensé:
"no jugaré más a los dados con la muerte".
La palabra de Dios enmudece
de tanto estar a solas con la noche.

En este viaje no iré hasta el final,
las cosas bellas nunca sirven para nada.

Yo, que adquirí el derecho a que la brisa no me
mueva
de tanto ver cómo se estremece
el cielo anclado a su propio reflejo,
cuando ni un Albatros quiebra el hielo entre los
hombres.
Antes de subir al barco
despediré a mi tripulación difunta
sin un Cristo entre sus olas:
dejaré al poeta arrojado a su lengua
sin gramática para describir la Belleza.

El Pintor

Cuando se sentó, pensé:
"¿Llegó así, o lo estuvo desde siempre?"
Ya no le quedan señales de Dios ni rutas de vida,
pero aún se desplaza y se expresa como un mendigo.

En este viaje oiremos sólo el canto de los cielos.

Yo, que si bien desespero como él,
en los campos mojados
veo siempre el nuevo año.

Antes de subir al barco
observaré el cielo como una noche que anuncia
otro resplandor.

Si dejo de manchar el mundo
sólo habré trabajado para mí mismo.
Él dejó de buscar y está perdido
su voz se extingue como fuego muerto.

La Prostituta

Cuando se sentó, pensé:
"no se da cuenta y ya no existe entre los vivos".
La misma noche le veló el espíritu
de tanto arrastrarse sin Dios a mi alcoba.

Y sin tener boca me hablaba
como el silencio de los entumecidos.

Yo, que de tanto frío ya no busco el apoyo de la tierra,
me limitaré a observar los devaneos
de su corazón enfermo.

Cuando él suba a ese barco
me quedaré sola y sin palabras.

En cierto modo existir es morir del reflejo
de su relato interrumpido
en la perplejidad de mis ojos ruidosos
sumergidos en un cadáver sin risas.

El hombre de espaldas

Cuando se sentó, pensé:
 "es sólo otro marinero en tierra",
un hombre en un mar de hombres.

El sello de Dios palidece cuando el poeta
ya casi termina de narrar su propio infierno.

Yo, que ya no me sorprendo de que reine el silencio,
porque llevo años sin divisar figura divina o animal
y sólo vienen los ociosos, agua por todas partes,
ni una gota que beber.

Cuando él suba al barco lo despediré con mis ojos
                                        [cansados
a sabiendas de que si no retorna
nadie habrá alcanzado a narrar
mis pesadillas y mis sueños.

Aún floto sobre un cielo falsamente pintado.

El poeta

Cuando me senté, dije:
"nadie se fijará en mí"
pero, al parecer, he llegado con otra máscara
que resalta lo que soy.

Yo, que he sufrido el griterío,
arrastrando las alas que me impiden caminar.

Cuando suban al barco no iré con ellos.

Encenderé otro cigarrillo
y los veré partir de lejos.

Ni Cristo ni el poeta
–quién lo hubiera pensado–
otro condenado, no sabemos cuál
tendrá que proferir el mundo,
apiadarse él solo
de la muda inmensidad.

HOTEL SITGES

Para dormir de una vez
tendría que separarme oníricamente
de mis sueños.

Cada noche ensayo la retractación de mí mismo
y en la mañana me ausento a primera hora
frente al espejo.

Puntual: el mezquino vacío de siempre
se enmascara a fuerza de evitar otros desencuentros
como si alguien me hubiese quitado el buenas noches
cansado del luto riguroso de pensar
en una enfermedad presunta.

Cuántos baños de anestesia
toma el cuerpo aromatizado en su propia morfina
cuando desaparece el tiempo
y se precipita horas más tarde
un solo de color durante el eclipse.

Me habitan mis soledades
como agujeros en las cuerdas del patíbulo,
enfermeras sin urgencia,
cenicientas a media sombra
de un baile interminable
sobre el salón blanco,
mi propia cama un merodeo rutinario

en el patio de los locos
lo suficientemente a oscuras
y, sin embargo, luminoso tragaluz
bajo la tediosa cúpula del cielo.

Espérenme en pie los muertos
como a la *buena nueva*
que provoca en todos un pavor inexplicable.

Aguarden en vela
mientras se aprueba sin dolores la eutanasia
y yo sea la vida, la insoportable vida…

Un imbroglio de cables sin oxígeno.

La respiración artificial
ante la ausencia de suicidio.

CARNAVAL DE SITGES

En Sitges hay calles tranquilas
de gentes de buen hábito
por las que a ratos circulan tacones más altos
de lo acostumbrado
en situación de carnaval,
cenicientas sin destreza que trastabillan
en honor a la falta de oficio,
exhibiendo senos y nalgas por razones
que nada tienen que ver con la profesión,
travestis de todas las ciudades de Europa
que descargan su armamento y el alcohol,
arrojándolos al mar
como si se fuera a malograr el oro
en el último viaje de la Antigua Civilización.

Y es como si la igualdad de género
fuera la lucha de todas contra todos
anunciada siglos antes por Hobbes.
Un combate librado sin sexo fijo y sin sangre
por un ejército de Ziggy Stardust en los pasajes,
sosteniendo tetas por espadas
tetas como gritos de guerra
tetas que apretarse como arengas
de una mutua exhibición que antecede
el cuerpo a cuerpo entre rivales
sin signos de triunfo que arrancar al adversario.

Y si bien todas ellas se chocan
por ocupar con naturalidad
el lugar que la naturaleza no les concede,
el código exime del derecho a la muerte en duelo.
Respetuosas de la conservación de la no-especie
la violencia acaba en el instante en que la más débil
grita "Maricón" en la vía pública
como ante su espejo matutino
en que se reproduce su monstruosa imperfección
belleza por la que Dante, si pudiera verlo,
se inventaría para sí
el décimo círculo del infierno

Yo, que no soy Dante,
y puede que algún día no escriba más,
me esfuerzo en retener la nada
de estas imágenes que me parecen irreales,
porque existo al mismo tiempo como en dos lugares
y ya no sé si estamos atrasados en Santiago de Chile
o es ella la ciudad que va delante de mi falsa claridad
                                        [memoriosa
desde donde irrumpen, con meridiana nitidez,
extrañamente sin pecado y con ternura
          ahora o antes
desdichadas prostitutas de mi barrio.

BARRIO GÓTICO

Una asombrosa ciudad de piedra
que se hunde en las pesadas falsificaciones
de su propio pasado.
La antigüedad verdadera es cosa de la Literatura.
Baudelaire, que tanto quiso su propio Teatro de Época,
acabó descorriendo el telón de lo real,
llegó siempre tarde a las fracturas de la técnica,
rasguñando una Edad opacamente Dorada
en la esquina de otra prostituta,
virgen y madre, hada del sueño,
mientras duró
su penosa oscuridad.

Este es otro Barrio para hacer poesía de las cosas podridas:
seres diversos,
lenguas mal habladas casi extintas,
como aullidos de lo invisible
que tienen lugar en el Salón Rojo de Twin Peaks,
entretelones indecorosos de lo absolutamente imposible.

No basta con juntar piedras en el aire
bajo el inmenso desfile funerario de nubes negras
para afirmar que la ciudad ha muerto demasiado
o estrechado la mano divina en épocas más gloriosas
como si Dios le hubiese dado el pésame a la Catedral
                                       en su
                                    [propio funeral.
La locura de la noche febril es lo único antiguo

y que al mismo tiempo se renueva;
el laberinto está lleno de tajos
por donde avanzar a tientas entre las voces
que se cuelan en los altibajos
de la temperatura y el temperamento,
una lenta circulación del cuerpo,
callejuelas como un metabolismo
y no como un milagro de Teseo.

El olor a hierba es el verdadero ovillo de Ariadna,
una flauta de Hamelin de las ratas siempre en vela
conduce a pasillos subterráneos
en que los insomnes avanzan prisioneros
hacia una brumosa sala de torturas
donde no se prohíbe, siquiera, el ingreso a los niños.

Pensar que todos pusimos monedas bajo la lengua del
                                        [Barquero
cuando escogimos el Infierno de cruzar un río,
financiamos la estadía en la encrucijada del Laberinto,
pagando el derecho al rostro que se adquiere en los
                                        [aeropuertos
y sólo para ver de cerca
un parque temático de la vida moderna.

Restrínjase de una vez
el irrestricto desplazamiento nocturno del forajido,
olvídese la aspiración a la epifanía

                    a lo sublime
                         al frío misterio.

Dios está en otra parte.

Acá se ocupa un no lugar
como los españoles se pervirtieron a solas en la selva.

EXTRANJERA

Ella quiere aprender mi idioma,
revolver con su lengua los fonemas en mi boca
y todo por temor al silencio,
esa orilla a la que nadie le está dado alcanzar
pero que ella, turista del vacío, igualmente bordea
como al Castillo de Kafka en la luna del Moldava
desde donde siempre es necesario regresar,
desistir
                antes que sea tiempo
de perderse en ninguna parte
y amanecer en el laberinto que ambos formamos
como dos vendedores de hilo
luego de enseñarnos
todas las señales
de impaciencia en el desierto.

De cualquier modo se las arregla
para robarme unas palabras
sobre mí
                sobre poesía
                                sobre nada.
Cuando mañana despierte
contaminada de una gramática sin alma
abrirá las ventanas
murmurando un desconocido
contra el cielo de Praga:
un escenario borroso

para nombrarlo todo de nuevo
bajo el dictado de una voz sin nadie.

Ella escribe este poema.

ESTILOS DE BAILE

Canciones de Depeche Mode
en el *Palau Sant Jordi*
otra obra maestra del "gótico muy tardío"
como si no hubiese existido nunca
la verdadera Edad de Piedra.

La ciudad está llena de monumentos vivientes,
de odas a rígidos encuentros,
y en lugar del éxtasis
espasmos de un congelamiento glacial.

Tomé a mi mujer de la cintura,
ellos espiaron la danza y el becerro,
pero reclamaron no ver más lejos.

El trabajo del asesino no está hecho, David,
los filisteos ya forman un pueblo casi independiente
sin señales de adorar la fiesta
      el vino
       el movimiento.

MERSAULT, PLATJA DE SAN SEBASTIÁ

Todos estamos condenados al patíbulo:
no se mata ni muere por exceso de pasión,
sólo se interrumpe el equilibrio del día
junto al mar del que me hago espuma,
absorbiendo su mareo.
El testigo ocular son las piedras
y ellas sudan su silencio.
El verdadero asesino siempre fue el sol.

JAPONESA

Esta playa la he escogido no para vivir,
sino para soñar que no me encuentro en ella.
Asomo la cabeza a la ventana de mi hotel
lleno de libros chilenos,
-de Lihn, de Kay, de Rojas-
y así no quedar tan huérfano de la tierra
por obra y eco de una lengua casi extinta,
como si sus viajeros no acabaran de navegar
mientras alguien confusamente los lee.
Siguen lejos, muy lejos, de la *Isla de los Muertos*
que Böcklin les hizo imaginar en sus ataúdes
con la esperanza de llegar a su infierno a la hora.
Lo que pudo ser sólo el olvido
es la aparición de un cuerpo en su lago,
                    la multiplicación del vacío en el poema
sus reencarnaciones que hojear distraído,
literariamente fraudulentas,
difuntos que hablan, en tono ausente,
                                    mejor que los vivos.
Nada sabe de eso y de mi mirada
la japonesa más bella del siglo
que posa frente al mar de Sitges
con toda la luz del sol a su favor
bajo el foco fotográfico, celosamente de pie
en el que resplandece una y otra vez
la sustitución de su cuerpo
como si aquello le fuese a valer la eternidad:

pensar que su sonrisa no se extenderá
más allá de una orilla lejana del mundo
donde otro espíritu recita este poema
después
        ahora
arrancando aullidos de lo invisible,
escarbando en mi fantasma
como si este sitio realmente hubiese
                existido.
Y ella también,
si no fuera por mí.

NO TAN HORROROSO CHILE

Yo sí salí del no tan horroroso Chile,
pero soy insensible al abismo de estar del otro lado,
pruebo de todos modos, con pasajes de vuelta,
                                  las naderías del desarraigo.
Que hace falta algo, sí,
la idéntica nada de siempre,
los fantasmas impolutos que proyectan
mi ausencia y sospecho aún caminan por Santiago,
ofreciendo amor sombrío a la primera bella que pasa.
Nada se arriesga aquí en decir lo mismo en otras lenguas
a Europa le queda poco de Madre,
apenas un líquido amniótico
al que dirigirse a oscuras –con terror sangriento–
como a un pecho desnudo en honor al olfato
y son sus propios hijos los que guardan ahora
ese antiguo rencor sagrado.
Por mi parte,
soy el único que no cambia de lugar
sin evidencia de haber estado
                                   en sitio alguno.
Soy el sol de media tarde,
las noches blancas de Dostoievski
o un jardín cubierto de nieve,
de cuya inexistencia no se puede probar lo contrario:
siempre estuve ahí y nunca salí ni entré en nadie,
mis palabras trajeron el silencio como un sirviente
que pone un poco de orden

                         en la mesa de Lautréamont.
Soy el eco de otro más real
de quien dudo a ciencia cierta si anduvo
decididamente de paso.

FERROVIARIA

En los trenes suelo sentarme al revés,
poco me importa quedar a la vista de los demás.

Sé que entre los pasajeros de siempre
la mirada no se transa
porque el peligro está en caer en otra profundidad
como beber un trago de amargura
en estado de embriaguez.

Mi seguridad se sostiene en mirar en reversa,
en incitar el mareo,
en revolver la imagen de lo que ha quedado atrás
luego de verme tan idénticamente vacío
emplazado por el espejo de otro sol
del que soy el único testigo
en ningún lugar del mundo
                              sin la ansiada novedad.

En la vía ferroviaria está lleno de monumentos
que reconocer por las ventanas,
logros de otros hombres que no significan nada para mí.

Cosas que se esparcen junto al ruido
desde un trayecto a otro
frente al silencio en que resuena el mundo:
palabras como pájaros
                              en el cielo vacío.

Rodrigo Arriagada-Zubieta (Viña del Mar, Chile, 1982) es un poeta, crítico literario y académico chileno. Su actividad artística se centra en temáticas propias de la modernidad estética: la ciudad, el paseante, la mirada, la memoria, el extrañamiento y la crisis de la experiencia. Es miembro del Comité Editorial de la revista y editorial *Buenos Aires Poetry* y realiza crítica de poesía en *Latin American Literature Today* de la Universidad de Oklahoma (USA). Como poeta ha publicado *Extrañeza* (2017) y *Hotel Sitges* (2018). Sus poemas han sido traducidos al italiano y al inglés.

Octubre 2018
Impreso en Buenos Aires,

Buenos Aires Poetry
www.buenosairespoetry.com

www.ingramcontent.com/pod-product-compliance
Lightning Source LLC
Chambersburg PA
CBHW021351160726
47994CB00007B/2917